Dagsfärskt 2020
3. Versmåttet rågat

Tidigare av Gunnar Stjernström:

Dagsfärskt 2020 – De första hundra dagarna
Dagsfärskt 2 – Andra vågen

DAGSFÄRSKT.
2020

3. Versmåttet rågat

Dagsverser i realtid

Gunnar Stjernström

© 2021 Gunnar Stjernström

Förlag:
BoD – Books on Demand, Stockholm, Sverige

Tryck:
BoD – Books on Demand, Norderstedt, Tyskland
ISBN: 978-91-8007-591-6

Här står nu en höstdag förtrollande skön
och pockar på uppmärksamhet.
Och här sitter jag med mitt klank om miljön,
en ständigt förbannad poet
med surmulen uppsyn och träsmak i röven.
Jag tror jag går ut bland de gyllene löven.

Tage Danielsson (1928-1985)

augusti 21-31

Putinkritiker misstänks ha blivit förgiftad av te

21 aug

I Putins land förlöjligas fiktionen,
när våldsmetoder trotsar fantasin
En makt med rötter i Sovjetunionen
visar gång på gång sitt fula grin

Att verkligheten överträffar dikten,
är uttryck för ett sällsynt undantag
I Putins Ryssland sprider sig insikten
att sällsyntheter händer varje dag

Direktrapport · Carlson:
"Kan finnas situationer
där munskydd är
befogat"

22 aug

Först var det ett jäkla tjat
om test i kolossalformat
Nu har nästa gnällpatrask
snöat in på ansiktsmask

Kallar sig expertpanel,
letar maniskt efter fel
Tror sig alltid veta bäst,
vem blir utpekad härnäst?

Kören skriker i falsett:
Sveriges väg är aldrig rätt!
Våran riktning är fatal,
se på andra länders val!

Ältandet om maktmissbruk
gör mig knappast avundsjuk,
när vår viruschef Tegnell
syns på TV varje kväll

Undrar hur en pandemi
främjar sånt felfinneri?
Kanske tidens underström
inte leder till beröm?

Vita husets chefskalkon
vurmar för konspiration
Är det via satellit,
som den spritt sig ända hit?

Enkät visar: Patienterna ofta delaktiga i smittspårningen

23 aug

En mezzosopran från Verona,
med en rådighet som kan förvåna,
ringde upp sin publik,
när hon greps av panik
av ett positivt test för Corona

Nordligt samarbete ska få bort invasiva arter

24 aug

Det finns nog en och annan som förbannar
de långa lämmeltåg som väller in
Låt vara att det råkar vara grannar
som handlar av oss, mer än någonsin

När shoppingrundorna blir för massiva,
när gräshoppssvärmen skymmer bort allt ljus,
betraktas grannarna som invasiva
och förda hitåt av en sinkadus

Så kom en pandemi och stängde porten
och det blev mörkt, fast inte nån var där,
Då insåg många vad som fanns i korten:
Förutan grannar, ingen gränsaffär...

25 aug

Korta kjolar, bara magar,
har det svårt i dessa dagar
Nu ska kläder täcka kroppen
ifrån fötterna till knoppen

Modeväxlingen är snabb,
snart får burka och niqab
dominera röda mattan
i Paris och på Manhattan

Kanske nästa fluga blir
ansiktsmask och plastvisir?
Och om den tendensen gäller,
kan vi alla bli modeller

Inga skönhetsideal
om att vara lång och smal
Min tid kommer nog framöver,
när en kropp ska skylas över

Modet rör sig i en ring,
tiden ändrar ingenting
Gammalt snitt är strax tillbaka
för de yngre att bejaka

Långa kjolar och sjaletter,
(även ljusa sommarnätter)
håret insvept i en knut -
visst var det modernt förut?

Svenskarna hamstrar munskydd på apoteken

26 aug

Mitt i pandemin
har munskyddshysterin
gjort mänskor som förbytta
till nästan ingen nytta

Regering och Tegnell
får först en massa skäll
för strategin och sveken
- sen stormas apoteken

En kris står då på lut
om alla skydd tar slut
och ingenting blir över
till stackarn som behöver

Tendensen känns igen
från förra hamstringen
då det blev skosulsklapper
till årets värdepapper

Vad föder sådan hets
i denna stora krets
av kloka individer
i jämmerliga tider?

16

Ger rågade förråd
en bättre chans till nåd?
Blir de en extra åra,
när tiderna är svåra?

Min inställning är nog att
man bunkrar obefogat,
men frågan hänger kvar,
kan någon ge ett svar?

Ungas skrivförmåga brister – svårt klara studier och arbete

27 aug

Nu undrar människor 'vad månde blifva?'
Om våra unga inte ens kan skriva
och ingen lyckas göra sig förstådd;
då gav vår läroplan en dålig sådd

Och visar det sig först när vi ska skörda,
så blir det sannolikt en tyngre börda
än om vi iakttagit det i tid
och huggit tag i dem som var på glid

Nu sitter vi med kullar av studenter
som är rätt undermåliga skribenter
En del kan programmera dataspel,
men nästan allihopa stavar fel

Nåt sällsynt undantag kan börja forska,
men mestadels så kommer de att torska
på grammatiken när de sökt en tjänst
och därmed visat sin inkompetens

18

Hur har de fått förbli analfabeter,
som tillbringat minst tolv år i pulpeter?
Ska nästa årgång lyckas hitta rätt
och bräcka alla dem vi övergett?

Det finns nog inget enkelt sätt att gena
på utbildningens väldiga arena
Kanhända var det fel att överge
en klassiker som Pyttans ABC?

"Gör det straffbart att vara med i ett kriminellt gäng"

28 aug

Det politiska språket
är fyllt av tomma fraser
Parollerna i bråket
är flyktiga som gaser

Det briljanta förslaget,
att straffa kriminella,
är redan vedertaget
(om vi ska va formella...)

kriminell

krimine′ll (franska *criminel*, av latin *crimina′lis*, av *cri′men*
'brott', 'förbrytelse', 'anklagelse'), brottslig, olaglig,
straffbar.

(NE)

29 aug

Stjärnorna som styr i världen,
har vi fått för våra laster
De som bäst har slipat svärden
är allsmäktiga fantaster

Maktfullkomliga despoter
finns i väster och i öster
Vilsna väljare förlåter
tyranni med sina röster

Han var insiktsfull, min pappa,
när han sa till mig som liten:
Om det blåser, vänd din kappa,
lägg din röst på favoriten;

du ska inte stå och humma,
goda råd är ofta dyra,
så var snäll emot de dumma,
en dag kommer de att styra

Peter Wolodarski:
Inget land har flockimmunitet mot det auktoritära virus som just nu sprider sig över världen.

30 aug

det fula tonar bort
om minnet är för kort
ett styre genom tvång
det händer gång på gång

det ger immunitet
mot laglös överhet
men jubla inte än
snart står de där igen

de säger att de vet
där forskarna går bet
och medger inga fel
ett tjuv- och rackarspel

en kaxig autokrat
som sprider ut sitt hat
och vinner fria val
är rätt paradoxal

vem slösar bort sin röst
på risk för evig höst
och ignorerar hot
man röstar kanske mot

mot stenarna i skon
en brusten illusion
urinvägsinfektion
och ständig frustration

man söker kanske svar
på frågorna man har
och greppar gärna då
i första bästa strå

då står han där och ler
som svar till dem som ber
och hävdar att han vann
vår folkliga tyrann

80-åring slagen med stav i huvudet

31 aug

En udda incident har gett rubriken,
vem är den skyldige i stavtragiken?
Det verkar inte va nån vanlig lantis,
kan det va Duplantis?

september 1-30

Göteborg skjuter upp 400-årsfirandet

1 sep

Stadigt en av våra största städer,
en västkustmetropol i tveksamt väder;
med rollen som vårt rikes västra skans
och skämt som inte hörs nån annanstans

Fyrahundra år är ganska länge
och värt att fira, när man kommer dit,
men sätter virus stopp för festumgänge
så får man tänja ut sin stolta svit

Då kan man fira fyrahundratvå,
en slumpbetonad siffra ibland många
Det blir nog ett rejält kalas ändå
och tiden är ju omöjlig att fånga

Riksrevisionen vill se större fängelser

2 sep

Trångboddheten sprider sig i landet,
många ska få rum på samma yta
Polisen fångar fler i rövarbandet,
snart börjar anstaltscellerna att tryta

Då är det dags att börja expandera,
med brist på celler får man bygga nya
Men kanske är det inte nog med flera?
Nån stamkund kanske önskar större lya?

Dags att damma av miljonprogrammet?
Beslut som satte snurr på lättbetongen
Då blir det bättre höjd på diagrammet,
med straffpotential och plats för fången

För även de som aldrig ens fått chansen,
som satsat på att skjuta, slåss och råna,
behöver hålla fokus på distansen,
så här i tuffa tider av Corona

3 sep

Politiken är en orientering,
partier har som mål att nå kontroll
De måste kunna sitta i regering,
det räcker inte med en bra paroll

Politiken är prioritering,
du står med dina favoritförslag,
men tvingas lägga krut på skuldsanering
och stryka visionära drömanslag

Politiken är negociering,
ingen uppnår själv majoritet
Då fordras ofta fingertoppshantering
och känsla för att uppträda diskret

Politiken är en orientering,
det tar sin lilla tid att hitta fram,
men har du inte krav på topplacering,
så utförs nog en del av ditt program

Bakslag efter extrem sommar på USA-börserna

4 sep

Ett aktieproffs från Örebro,
som var snarare anti än pro,
sa, när börsen gick upp:
- Det är bara ett gupp,
efter sol kommer regn må ni tro!

Kriminella blev av med miljoner

5 sep

Tror du att de kriminella gråter,
nu när kassakistan gapar tom?
Då har de snart förmögenheten åter
och strävar på mot ökad rikedom

Dieten måste inte bli så mager
och kistan kommer snart att vara full
Minns från Fältskogs odödliga schlager
att tårarna kan omvandlas till guld

Knarkodlare ertappades av polis – som låg i blåbärsriset

6 sep

Polis, polis, i blåbärsris
spanar över åkermark
Får på detta udda vis
tag på dem som odlar knark

Polis, polis, i blåbärsris,
med uppgift att beivra brott,
stöds i denna exercis
av att vara klädd i blått

Polis, polis, i blåbärsris,
läpparna av bär är blå
Säkrar hållbara bevis
som en domstol litar på

Polis, polis, i blåbärsris,
blåljus över gröna blad
Efter razzians surpris
står de skyldiga på rad

Rekordfå inbrott har skett under pandemin

7 sep

Om skurkar löper risk att infekteras
Om ficktjuvarnas trängsel saboteras
Om kriminella tvingas jobba hemma

Om inga öppna gränser kan passeras
Om inbrottstjuvar korttidspermitteras
Då har den undre världen ett dilemma

8 sep

Mänskligheten tuffar på,
det som redan finns förädlas
För att nå en ny nivå
måste okänd mark beträdas

Den är dold för våran blick,
var den finns är svårt att veta
Drömmen är ett enkelt trick;
ingen vet var man ska leta

Men om någonting går fel,
kan en kreativ förmåga
råka på en ny juvel,
finna svar på nästa fråga

Med ett öppet perspektiv,
kan ett skeende som stannat
bli ett viktigt forskningskliv
som är bra till något annat

Vill vi undvika reträtt,
står vårt hopp till mankemangen
För när någonting går snett
får vi grepp om sammanhangen

Då kan följden av en bom
bli en ny klenod i sviten,
när fördjupad kännedom
ger den sista pusselbiten

Ny trend – unga akademiker lockas av att jobba statligt

9 sep

Om unga med de bästa resultaten
blir lockade att söka jobb i staten,
har önskemålen gjort en kullerbytta
- nu vill de göra nytta!

Igår så ville alla bli artister,
trots hot om att prognosen var rätt bister
Sen var nog TV-kock det enda rätta
- men ungarna blev mätta

Då skulle alla tjäna stora pengar,
med utsikter om guld och gröna ängar
När börsen dök förflyktigades drömmen
- sen vände hela strömmen

Bland vissa barn går alltid huvudgatan
mot jobb i samma väderstreck som Zlatan
En del blir ganska bra på divarollen
- men inte vän med bollen

Om statsanställd kan bli det nya modet,
på trots mot det rätt magra timarvodet,
så lockas man av händelseförloppet
- att inte ge upp hoppet!

Spelade högt – raggare frias

10 sep

En raggare i natten
har funnit sin oas
Han vrider lätt på ratten
för maximerad bas

Hans läten är så dova,
de skakar märg och ben
och den som ville sova
får skrinlägga idén

Den tunga nattrafiken
ger upphov till problem,
volymen på musiken
är minst ut sagt extrem

Försummar man kritiken
och dunkar fram för fort,
kan någon bli besviken
och syna alla kort

Då kan det vara slutåkt
med stereoraggarbil,
som vänder ljudet utåt
- en dånande missil

Men än så går de fria
- och rullar ävenså -
när denna profetia
göms undan i en vrå

"Man har inget val – man föds in i klanen"

11 sep

Den nya smittan heter Klan
och sprider sig i kluster;
kanhända via nån bulvan
- det blir en del förluster

Den Klan som sprids från far till son
blir räddaren i nöden,
vid varje nyhetsmikrofon,
i alla twitterflöden

Att bara följa en bacill
blir enformigt i längden
Snart kan man versen utantill,
en blänkare i mängden

Då kommer Klan i rättan tid
och fyller våra spalter
Man varnar oss för nästa strid
med mörka skräckgestalter

Den nya smittan heter Klan,
nu är det den som skrämmer;
besudlar oss som en trojan,
när murvlarna bestämmer

Secondhandbutik ska göra Ikea miljövänligare

12 sep

Från början var det slit och släng
och uteblivna delar
Nu följer både bord och säng
koncept som sällan felar

När hyllorna i platt paket
har spritt sig över världen,
och mäter sig i kvalitet
med den moderna flärden,

då fullföljs denna följetong
om möbelpionjären -
att sälja soffan gång på gång
blir kulmen på affären

SD-ledaren: Jag vill bli justitieminister

13 sep

Hör upp om den senaste absurditeten!
Det blåser betänkligt kring rättssäkerheten
Med hjälp av förhärdade järnrörsligister,
ska Jimmie få jobb som justitieminister

Då blir säkert rättvisan fråntagen bindeln
och opartiskheten försvinner i vinden
Om ansvar för trädgården tilldelas bocken,
finns risk att vi aldrig blir fria från chocken

14 sep

Var du hamnar är en gåta
Borra olja från en rigg?
Gå med kamera och plåta?
Stå beredd för glesa gig?

Har du ärvt ett okänt öde?
Är du söndagsbarn med tur?
Kommer anbud i ett flöde?
Känns fabriken som en bur?

På din bana genom livet
är det fullt av ekorrhjul
Har du bara rätta drivet,
kan du sluta som mogul

När du börjar skönja facit
från en tid som varit ljus,
kan det kännas lite knasigt
om allt var en sinkadus

Var du med och tog besluten
eller flöt du i en ström?
Klev du fram i slutminuten
och tog över spannets töm?

Alla har vi gått på pumpen,
det går sällan som man vill,
men den lyckligaste slumpen
är väl ändå att bli till?

Åtalas för fruktattack mot polis

15 sep

Frukten är mitt vapen
och bordet min lavett
Att slippa fångenskapen
är alltid prio ett

Polisen attackerar
och rycker fram på rad
och jag, jag replikerar
med en melonkrevad

Är friheten i fara
så stiger energin
Då tvingas jag försvara
mig med en mandarin

Försvåras galenskapen
blir nästa projektil
ett kärnbestyckat vapen,
en persikomissil

45

Och gör de mer krumbukter
bemannar jag ett träd;
ett regn av ruttna frukter
ska få dem ned på knä

Förvärras sen tumulten
med hotfull dominans
blir plommonkatapulten
min allra sista chans

16 sep

Där hemma blir vi lätt provinsiella
och tycker att vår ställning är unik
Det finns väl en tendens att gå och gnälla,
som har sin egen inbyggda logik

Vi tycker andra får så mycket mera
och vår portion är blott en halvmesyr
Vår frustration kan när som helst brisera;
vi ser oss som en ömkansvärd martyr

Det handlar sällan om bestämda fakta,
fastmer vår subjektiva fantasi
Och ingen är nog villig att beakta
de spår som ger en vink om hyckleri

"Sverige drivs isär när Handelsbanken stänger"

17 sep

Den som sjappar sist får släcka lyset,
beskylld för sabotage av fredagsmyset;
sån tur för alla dem som redan gått
och slipper pekas ut för detta brott

I själva verket inleddes processen,
när hemdatorer fylldes med finessen
att göra bankaffärer hemifrån;
nu sköter man det från sin telefon

Om ingen längre söker sig till banken,
så får man kanske vänja sig vid tanken
att detta något ödsliga kontor
ger plats för nåt som lockar människor

Så har historien gått i alla tider,
allt gammalt får kasseras vad det lider
Och alltid har det kommit något nytt,
som ersatt företeelser som flytt

Det kan va lite svårt vid övergången,
när många står och väntar på perrongen
Men oftast går det bra att byta spår,
förstår man när man fått ett prövoår

Vår tillvaro kan inte vara statisk,
ibland är ändringstakten högst dramatisk
Utvecklingen kan aldrig få bero
- i nuet måste nästa skede gro

Uppfiskad haj bet tillbaka

18 sep

En ordentlig minnesbeta
blev effekten härom dan,
när en man som skulle meta
miste viktiga organ

Den här dagens fiskafänge
fick ett omvänt resultat
och man undrade rätt länge
vem som skulle bli till mat

Hajen tog initiativet
och högg till i självförsvar
Mannen kämpade för livet,
när hans nöd var uppenbar

Armen gick inte att rädda,
det försvann en redig bit
Resultatet av det skedda
blev en enarmad bandit

Stor tragik och svåra scener
i en omild livsmiljö
Hajens liv är bara gener;
äta, para sig och dö

Varken onda eller goda
kan man kalla dessa djur
Ingen plan, får man förmoda,
bara obändig natur

Ensam kandidat. Nooshi Dadgostar vill leda ett bredare vänsterparti. Lördag 8-15

19 sep

För vänstern härskar Henry Ford
i val om 'hur' och 'vart'
Det är en form av medlemsvård,
men alla väljer svart

Med bara ett alternativ
och endast en kulör,
är risken stor att nästa giv
ger makten en favör

En regnbåge i en nyans
ger inte mycket prakt
och mångfalden har mist sin glans,
när alla går i takt

20 sep

Ytan poleras,
men kärnan är brun
Hat paketeras
i riksdagstribun

Agg dekoreras
med lismande ord;
rätten serveras
vid dukade bord

Folket duperas
med svensk tradition
Fakta kastreras
till konspiration

21 sep

Varje populistparti
har en given liturgi,
som så ofta sammanhänger
med rätt tarvliga poänger

Svåra frågor, enkla svar,
är receptet alla dar
Utan fingrar på en bibel
blir din sanning mer flexibel

För att vinna sympati
med din vurm för tyranni,
låna argument från snubben
som du träffade på puben

Tveka aldrig, gå på knock,
peka ut en syndabock;
välj en typ som många andra
också gärna skulle klandra

Satsa hårt på dubbelspel,
medge aldrig några fel
Om du missar sammanhanget,
skyll på etablissemanget

Mångmiljardprojekt.

Svensk koldioxid kan lagras i Norge

22 sep

Om vi riskerar viten
så blir väl konsekvensen
att vi får dumpa skiten
på andra sidan gränsen

Så skruvar vi upp pratet,
maskerar oljepannan,
och skyller sen klimatet
helt fräckt på någon annan

Nya regler hotar asyldrömmar

23 sep

Nazisterna fick monopol
på flyktingpolitiken
(och svävar du i tvivelsmål,
så kolla historiken)

När nassarna fick massivt stöd
i svenska opinionen,
gick alla ut och överbjöd
i värnet om nationen

Så nu stängs alla gränser till
och ingen opponerar
Nazisterna får som de vill,
när andra insisterar

Kvinna försökte mörda make med spetsade kakor

24 sep

Ondsinta makor
smular piller
Sju sorters kakor
blir en thriller

Skjuss in i ugnen,
grädda bröden;
hettan där hungern
möter döden

Nygräddad kaka
på din bricka
Vågar du smaka?
Skrämselhicka!

Kaffe på sängen,
jo, jag tackar!
Dags för refrängen,
Karon knackar...

25 sep

Tänk, danskorna var sena
att demaskera männen
som onda och gemena
i skydd av persiennen

De stängde säkert gränsen
som stopp för övergreppen,
och trodde att frekvensen
gått upp med bron och skeppen

Då tog de kanske miste,
för mordet på seglatsen,
var nåt man redan visste
om dansken Peter Madsen

Så svaret står att finna
i nära relationer,
som gör att mången kvinna
får utstå aggressioner

Det gäller alla länder
och kanske alla tider,
om inte vinden vänder
till stöd för dem som lider

Ledare: Donald Trump hotar hela den globala demokratin

26 sep

Varför får jag inte rösta,
fast jag styrs när han bestämmer?
Ska jag själsligen misströsta
i ett ödesval som skrämmer?

Är hans väljare från vettet
när de hyllar denne sälle?
Får vi bara kvar skelettet
av ett aktat rättssamhälle?

Alla borde denna tisdag
ställa upp för världssamfundet,
assistera de förlista
och dra vraket bort från grundet

Direktrapport · Hovet i pengakris – vill ha mer statligt stöd

27 sep

Inga penningar i pungen,
klagar nu den svenske kungen;
han har slut på apanaget
som ska föda entouraget

När japaner och kineser
inte ger sig ut och reser,
går ruljangsen ned i botten
för de svenska Vasaslotten

Vem ska ansa kungens häckar
när det saknas täckta checkar?
Vem går runt och släcker ljuset
och vem krattar trädgårdsgruset?

Vem ska vattna blomsterprakten
och vem arrangerar jakten?
Allting kräver mer resurser
för att undvika konkurser

Låt oss stoppa detta flöde
och besegla kungens öde;
apanaget minimeras
om han långtidspermitteras

28 sep

Valparna jobbar hemma,
borta är slipsparaden
Inte en bolagsstämma
samlas i innerstaden

Viruset bröt sejouren
av vilda champagneyror
Tomma står glaskontoren
med sina höga hyror

Valparna kan inte veta
vad hemjobbet föranleder
De väljer att va diskreta
med sina börsmopeder

Om Covid förmörkar solen
i City de närmsta åren,
kan detta dra undan stolen
för hela mäklarkåren

Vad gör man med alla husen?
För det finns ett par scenarier;
ett som kan göra susen
är ombyggnad till akvarier

Tidning: Trump undvek skatt i åratal

29 sep

Snubben tycker han är cool,
jäser i sin talarstol
Agiterar hårt på Twitter,
svarar bara när han gitter

Snubben pröjsa' ingen skatt,
skaffa' sig en fet rabatt
Inget stort problem för svansen;
samma fusk om de fick chansen

Snubben saknar sans och vett,
har ett opolerat sätt
Lögner står som spön i backen,
blåser liv i hejarklacken

Britter uppmanas ringa polisen om grannar i karantän fuskar

30 sep

Britter försmäktar i svår pandemi
Boris ger order om angiveri
Burdus, impulsiv och totalt skrupelfri
Brexit bebådar en kostsam sorti

Bryssel förhandlar, men tonen är frän
Bankerna väljer att byta domän
Barkar det fel kan det bli karantän
Britterna undrar vadan och varthän?

oktober 1-31

Presidenten gav isande besked om valresultatet

1 okt

Blir valutgången inte en repris,
och clownen röstas bort från sökarljuset
Då måste han nog hämtas av polis
och hårdhänt släpas ut ur Vita huset

Han saknar uppenbarligen respekt
för rättssamhället och konstitutionen
En sansad individ blir lätt förskräckt,
när kungen måste lyftas bort från tronen

Men så tycks sakförhållandet se ut,
han måste tro att han står över lagen,
och ska han då förstå att det är slut,
så krävs det nog ett stadigt grepp om kragen

Donald och Melania Trump har testat positivt för corona

2 okt

Vanligtvis går högmod före fall;
de flesta missdåd får sin reaktion
Det sker förstås med skilda intervall,
men händer nu i lögnens bastion

Ödets ironi är hänsynslös,
när han som sa 'Det mojnar före påsk'
nu kanske tvingas ligga i kuvös,
för krämpor han nyss kallade för pjosk

Han lämnar snart sin presidentperiod,
och eftersmaken är väl minst sagt fadd
Det blir en ganska märklig episod,
om han tar avsked på lit de parade

Ökat handtvättande har skapat
högtryck i skånska tvålfabriken

3 okt

I Skåne gör en fabrikör
förtjänster över målen
Det får honom på gott humör
att ha ett grepp om tvålen

Den enes död, den andres bröd,
så är det hela tiden
I fattigdom och överflöd,
i skapelsen och striden

I slottsgemak och trångboddhet,
så tvår man sina händer
För slarv är inget epitet
som frambringar legender

Donald Trumps valkampanj har kollapsat

4 okt

Hans åtgärder var närmast nonchalanta
när virusspridningskurvorna blev branta

De primitiva svaren var genanta
och råden alltid lika arroganta

Replikerna till media var raljanta,
hans analyser knappast intressanta

De obestridda lögnerna flagranta
Hans plumpa påhopp alltför välbekanta

Min slutsats är den enda relevanta:
Att presidenten är en riktig planta

Överläkaren om Trumps åktur: "Är galenskap"

5 okt

Ett veritabelt gyckelspel,
ett dåraktigt spektakel
Han har en roll för egen del
som självutnämnt orakel

Han nonchalerar alla råd
från kända professorer
och njuter av en stor applåd
från världens diktatorer

Han stjäl intresset var minut,
man hinner inte blinka
När sjukdomsläget är akut,
så ska han ut och vinka

Ger order om en limousine,
med dubbla eskortörer,
för två minuter dopamin
och enstaka flanörer

Han står i ljuset dygnet runt
och hela världen tittar;
en fena på att prata strunt
om ämnena som smittar

Han plågar oss 24/7
med lögner, skryt och babbel;
fördärvar varje intervju,
generar med sitt schabbel

När ska vi slippa detta ris,
man bundit oss åt ryggen?
Blir en kamel vårt jumbopris,
när vi har silat myggen?

Covid-19.

Virusmängden i Stockholms avloppsvatten ökar kraftigt

6 okt

Andra vågen spolas ut
med stadens avloppsvatten
Corona skjuter en salut
i oktobernatten

Innan du har fått symtom
befordras hon i träcken,
för Covid är en autonom
som avger säkra tecken

Smittan blossar upp igen,
då återstår det svåra
Vi inser 'att' men inte 'vem'
och måste börja spåra

Eleverna: "Svårare än man tror att lära sig svenska språket"

7 okt

En pensionerad språkpolis,
som följer minsta sportnotis,
har tagit på sig kallet
att stoppa sönderfallet

Han hör på radion varje dag
- fast språkbehandlingen är svag -
Slår av den på direkten
som följd av dialekten

Han sitter alltid uppmärksam
och hör sitt favoritprogram
Sen lyfter han på luren
och ringer klagomuren

Han tycker att ett slarvigt språk
har satt en fläck på vår epok
och allra värsta sorten
den finns på radiosporten

Han bläddrar i sitt morgonblad,
examinerar varje rad,
där särskilt grammatiken
gör granskaren besviken

En röst på nån reklamkanal
har upp- och nedgång i sitt tal;
han ratar den stationen
för felintonationen

En språkpolis är aldrig nöjd,
kritiken är i sig en fröjd,
han yvs nog över detta
att rycka in och rätta

Bilägare frustrerade över de många felen i nya elbilar

8 okt

Bilarna som går på el
drabbas nu av många fel
Kärran som tänkts fram av snillen
har en dator bakom grillen

En klimatsmart drivrutin,
inga utsläpp av bensin,
men dessvärre flera buggar
som all nytta överskuggar

Bilen drabbas av problem
med sitt operativsystem,
när helt döda batterier
blir till datorhaverier

När till sist Supporten kom
med sitt råd att 'starta om'
hände inget bakom ratten
som kan sprida ljus i natten

Sviden blir en tummetott
efter vådligt strömavbrott,
föraren bär syn för sägen
när han lämnas kvar på vägen

Rekordmånga oroliga över brottsligheten

9 okt

Om media hela tiden
orerar över brotten
så blir vår världsbild vriden
av skurkarna och skotten

De krigar och de rymmer
med braskande rubriker
och ställer till bekymmer
när ordningsmakten sviker

Det blir den enda frågan
som fäster på tapeten;
den kriminella plågan
som orsakar förtreten

Det skrivs om att vi svävar
i laglösa enklaver,
att alla går och bävar
för nästa gängpalaver

Vår oro sägs ha ökat
på grund av kriminella,
med klanerna som stökat
och hot som är reella

När sedan instituten
har frågor om det skedda,
om risken att bli skjuten
är nåt som gör oss rädda

förvånar det i grunden
om alla skulle svara
att bäst trivs man i stunden
när livet är i fara

Fredspristagaren: Fyra gånger fler kan dö av hunger än av covid

10 okt

Världsproblemen, ett i taget,
radas upp för våra blickar
Jämnt doseras obehaget
som experter förutskickar

Fredagsmöten för klimatet
Branta kurvor med corona
Män som underblåser hatet
Massprotest i Barcelona

Från de vida kunskapsfälten
och ur djupa visdomsbrunnar
får vi uppgifter om svälten
och den svartsyn man förkunnar

Bidragsfusk av blatteklaner
Ökat våld i relationer
Bolagsfiffel med bulvaner
Handelsstopp för emissioner

Permittering av piloter
Höjda statsanslag till bängen
Kraftigt sänkta flyktingkvoter
Buggning av de värsta gängen

Mycket trubbel att besinna
Många skillnader att göra
Flera drabbningar att vinna
En vision att genomföra

Tänk på lättsinnets elände
och allt gott vi underlåter
Trångmålen har ingen ände,
löses ett, står tusen åter

Ny undersökning:
Var tredje säger nej till coronavaccin

11 okt

Utan kunskap är man ofta säker
och antar utan tvekan att man vet
Huserar man nånstans där alla bräker
blir följden lätt en viss fårskallighet

Den som söker vidga perspektivet
måste noggrant pröva varje rön
Lärdomstörsten underblåser tvivlet;
varje planta bildar nya frön

Internet har skapat flera platser,
där kaka söker maka utan koll
Bedragare kan göra punktinsatser
och slippa preciösa förbehåll

Där sprids det obelagda teorier
om högt och lågt i obestridlig ton
Det handlar om förmenta haverier
och pekar mot en ond konspiration

Dit söker sig mest vilsna existenser
som spanar efter syftet med sin tro;
de irrar runt och letar preferenser,
på pass att låta nya griller gro

"Gårdsförsäljning är en bluff av Sveriges största alkoholföretag"

12 okt

Det låter jämt så näpet
inför en avreglering,
och lika pinsamt häpet
vid varje demaskering

"Det ska bli lägre priser
och gynna personalen",
men löftena förliser,
liksom affärsmoralen

En fräck och slipad lobby
kan alltid fabulera,
att sysslan är en hobby
man inte ska reglera

När sedan bilden klarnar,
så blir det svårt att backa
- Sån tur att någon varnar,
den ängeln vill jag tacka!

Fler värnpliktiga kan rekryteras när försvaret utökas

13 okt

När många fler får chans att göra lumpen,
så är det inte längre bara slumpen
som avgör om en fiende på rull
ska stöta på patrull

Om främmande arméer kan bestämma
att öppna front där inte nån är hemma,
så är det alltför lätt att ta sig ton
- och starta invasion

Nu rekryteras hugade soldater
som varning till fientligt stämda stater
Bemanningen ska skicka en signal
om hög försvarsmoral

Att bara ställa upp vår svenska tiger,
kan va en åtgärd som blir ödesdiger
Vi får nog hellre mobilisera trupp
än rätt och slätt ge upp

En nykläckt kull får därmed sammanstråla
i stram givakt och lära sig att åla
Få kunskap om sin vapenarsenal
- och lyda sin korpral

Över 800 ville "hyra" flickvän

14 okt

En tid när många väljer bostadsrätt
och egna hem har blivit alltför dyra,
har kanske hemlösheten föranlett
att somliga blir sugna på att hyra?

Nya försök att lösa las-frågan

15 okt

det blir svårt att lösa las
efter det förslag som las
vem som kommer undantas
avgörs först i nästa fas

Så kan Trump vinna valet – även om han förlorar

16 okt

Nu skriver jag en stump
om han som kallas Trump,
den folkvalde despoten
som är så självbelåten

Det hände av en slump
att han som kallas Trump,
en clown bland twittertrollen,
fick axla huvudrollen

Att han som kallas Trump
för jämnan är så plump
och ociviliserad,
det gör mig smått generad

Jag glor i kaffesump,
ser han som kallas Trump
som segrare i valet
- hur kan det bli så galet?

17 okt

De fotbollsspelare som jagar cupen,
kan inte bara tänka på sig själva
I valet mellan egot eller gruppen
ska resultatet gynna alla elva

På samma sätt fungerar samhällskroppen,
med mönster från en klassisk gyll'ne regel
Det kräver dock från botten upp till toppen
att alla vänder blicken från sin spegel

Om människor kan komma undan pesten
med hjälp av enkla stick ifrån en spruta,
så stör det mig om få kan hota resten;
det har de inte rätten att besluta!

Men folk kan snöa in på bieffekter
hos annars väl fungerande vacciner
De blommar ut i allehanda sekter
och sprider sig på nätet som laviner

88

Om skaran av immuna börjar krympa,
så gäller det att inte tappa taget
Då är det ont om tid att börja ympa
och dags att sätta laget före jaget

Hur hejdar man en våg av egoister?
Hur får man en förblindad att begripa?
Om inget sker - och samhällskroppen rister -
så plockar jag nog fram min visselpipa...

18 okt

Nu lyfter dimman från klimatfarhågan,
en lösning på den verkligt stora frågan
kan möjliggöras när vi bjuder till;
Corona visar att vi har förmågan
att göra stordåd - om vi bara vill!

Valarbetare gör allt för att undvika mardröm

19 okt

Vet de om att världen skrattar
när han håller sina tal,
åt besluten som han fattar
i sin avskilda oval?

Vet de om att världen gråter
när han kränker svarta liv?
Inser de hur hemskt det låter
med hans grova invektiv?

Vet de om att världen pinas
av hans nya kalla krig?
Alla fel som jämt är Kinas
i hans torftiga intrig

Vet de om att världen bävar
när han sitter med sin kod?
Ingen vet vartåt vi stävar,
livet hänger på en tråd

Vet de om att världen lider
av ett farofyllt klimat?
Nonchalans i orostider
präglar denna potentat

Vet de om att världen flinar
åt hans fåniga frisyr?
Tänk att frostig stämning tinar
med ett garv åt den som styr

Rekordår för lyxvillor

20 okt

Pengarna bränner i fickan,
man kan sätta sprätt på en vinst
Du kanske haft turen med brickan,
sånt sker när du anar det minst

Pengar på kontot ska rulla;
ett guldkantat flerårskontrakt!
En färsking med fickorna fulla
bör sannolikt va på sin vakt

Pengarna gör inte mannen,
men putsar väl upp hans fasad
En vräkighet värre än grannen
gör ofta den fåfänge glad

Pengar ger många kamrater,
den rike blir lätt populär,
men sky alla vänskapspirater,
som uppenbart vill dig förnär

93

Är pengar en genväg till lycka?
Är kärleken öppen för bud?
Ett svårlöst problem, kan man tycka,
för fästmannen och för hans brud

Allt fler vill köpa skog i länet

21 okt

Alla delar av vårt län
drivs av denna näring;
investerar du i trän,
får du återbäring

Du kan bygga stora hus,
snida nåt i ene,
driva spa i björkars sus;
mångfald, nota bene

Olja gjord på långa barr,
grillkol av en kotte,
bockad sarg till en gitarr,
virke till en flotte

Limpor bakade av bark,
plagg av cellulosa,
träd i en botanisk park,
sirlig pillerdosa

Materialets väg är lång,
avstamp på ett hygge;
lastas med en jättetång,
landar på ett bygge

Investerar du i skog
eller biomassa,
växer träden, och snart nog
blir du stadd vid kassa

Så vill techmiljardärerna i Silicon Valley bli odödliga

22 okt

Evigt liv - det verkar trist;
kunskap om vår hädanfärd
gör att denna korta frist
nästan jämt är mödan värd

För en IT-miljardär
är det samma knappa tid
som vi andra vistas här
innan tystnaden tar vid

Varje stund är exklusiv,
när vi närmar oss vår död;
en effekt av evigt liv
vore tid i överflöd

Gör det bästa av den stund,
som har fallit på din lott
Om din inställning är sund
blir nog också livet gott

Stefan Löfven: "Det får vara slutfestat på nattklubbarna nu"

23 okt

Dags att bratsen slutar festa
i miljön runt Stureplan,
när de flesta för det mesta
inte ens går ut på stan

Men en väl bemedlad gosse
lyssnar knappast på Löfvén,
knegartyp och gammal "såsse"
ifrån andraklasskupén

För att gå på grundorsaken,
ge dem mindre veckopeng
Om så krävs, försegla haken
för pompösa glassargäng

Åldrande schimpanser behåller sina bästa vänner

24 okt

Du, kvinna eller man,
förakta aldrig djuren,
de har ett trumf på hand:
- De dyrkar inte luren

I kupan bor det bin
med kraft att samarbeta
Med myrors disciplin
blir födan lätt att leta

En ensam antilop
tar sista andetaget,
när alla går ihop
i hela lejonlaget

I mitten av en hjord
är tryggare att vandra;
man går med andra ord
i skydd utav varandra

Ja, arterna är bäst
i skilda discipliner,
grupperingen härnäst
är våra apkusiner

De har en fallenhet
att måna om kontakter;
det bästa som de vet
är varaktiga pakter

Med vem man blir ett par,
kan växla för schimpansen,
men vännerna finns kvar
intill den sista dansen

25 okt

Datorerna tar över doktorsrollen,
med Internet som allmän vårdcentral
När det är dags för 70-årskontrollen,
så blir den alla gånger digital

Beskedet blir en nolla eller etta,
mitt svar kan vara svart såväl som vitt
Om nästa steg kan datorn sen berätta,
när nätet nästa gång blir störningsfritt

Framöver får du googla på symtomen
och leta fram din egen frågespalt
För många tips kan va ett dåligt omen;
du söker sådant som är anbefallt

Du kanske bara har en lindrig krämpa,
nån efterhängsen halsbränna som sved;
en tjatig huvudvärk du måste dämpa;
förslitning i en slutkörd axelled

Med tiden blir vi alla digitala,
vi föds och lever livet på distans
Familjerna sprids ut och blir globala
och hemarbete får en renässans

101

Vi springer på i pryl- och framgångsjakten,
forcerat, utan chans att veta vart
Så när vi slutligen drar ur kontakten
för avskilt cyberliv, blir skärmen svart

26 okt

Många företeelser passerar,
blott ett fåtal kommer att bestå
Det som först i början imponerar
hamnar kort därefter i depå

Låtar lagrades i bandkassetter;
Internet blev nåbart med modem;
dokumenten la man på disketter;
databaser hölls ihop med gem

Vissa prylar minns vi inte mera;
en i raden hette minidisc;
åter en var cykeln från Itera
och allt från TV-shop som gör dig frisk

Segway fick ge plats för elsparkcykeln,
tjocka teven byttes mot en platt
Knapplås blev en ersättning för nyckeln;
kaminen styrs numera med en ratt

Vi handlar alla varorna på nätet
som förr tillhandahölls i en butik
I ganska nära tid är allt förgätet,
vår framtid kommer aldrig bli sig lik

Hundratals klagomål mot stadens nya parkeringsapp

27 okt

En app-lisa uppväxt i Kransen
gick med Tinder och sökte romansen
När hon fann en juvel,
som parkerade fel,
blev det knepigt att hålla distansen

Nästa president måste laga den trasiga motorn

28 okt

Nåväl, att motorn hackar,
men värst är ju chauffören,
som gasar fast han backar
och sparkar konstruktören

Han sitter bakom ratten
och skryter över bilen
Skroderar i debatten
om häftigaste dealen

I början av epoken
var alla oberörda;
man glömde maktanspråken
och blev väl vilseförda

Då kränkte han förmätet
den starkare rivalen
Tog plats i förarsätet
och tryckte på pedalen

Frisyren är hans lindrigaste lyte
- nu fattar ni att läget är akut!
Då hjälper inget vanligt oljebyte;
här måste hela motorblocket ut!

Han skymfar resenärer
och sprider växthusgaser
Gör svindlande affärer,
idisslar sina fraser

Han rev Parisavtalet
och dissar vetenskapen
Han gödslar med förtalet
och peppar folk med vapen

När reporna i lacken
blir tydliga för alla
- förutom hejarklacken,
som fortsätter att skalla

Då kan vi bara hoppas
att allting slutar funka
och färden plötsligt stoppas
av synkad fyrhjulspunka

29 okt

Jag gillar mina grannar,
det kommer ständigt nya,
men ingen av dem stannar
intill min ungkarlslya

De verkar jämt så snälla;
jag ber dem komma över
och vara informella,
ta fram det de behöver

Jag ger dem snygga gester,
slår an den goda tonen,
och bjuder dem på fester
som prov på ambitionen

Jag sitter på balkongen
med blicken över taken;
kan njuta av säsongen
och sola mig helt naken

Jag lever med musiken,
den sköna operasången;
blir hög av akustiken
som finns i trappuppgången

Jag älskar mina grannar,
nu har jag haft rätt många
Hur gör man så de stannar
när ingen går att fånga?

Först verkar de så fina,
sen blir de som förbytta;
min godhet börjar sina,
men varför vill de flytta?

Dom i narkotikahärva.

Förvarade 75 kilo sprängmedel i sin garderob

30 okt

En ättling till Alfred Nobel
fick sin skolning som sprängargesäll
Han tog ingen notis
om sin anfaders pris,
men gav fyr med en helvetes smäll

Många kunder i Ullared – trots skärpta regler

31 okt

Tänk, hundra konsumenter
får knö i shoppingcenter
och trängas i affär
- men inte på konsert

En annan märklig genre
är fulla restauranger,
som bara får kritik
när de tar dit musik

Vad är det med musiken
som tvingar politiken
till sånt förmynderi
mot allt med melodi?

Kan någonting i sången
beröra valutgången
som gör att riksdagsmän
vill skylla allt på den?

november 1-30

1 nov

Maffiapresidenten
har egna dödspatruller,
som laddar argumenten
med våld och hotfullt muller

Världen måste bäva,
när han som är problemet
får chans att undergräva
det lagliga systemet

Hur fick detta hända,
hur sprack den starka sömmen?
Ska lögnhalsen få skända
den amerikanska drömmen?

Ledare: Klimatet klarar inte fyra år till med Donald Trump

2 nov

När verkligheten överträffar skämtet
När överkuckun själv är imbecill
När rättssamhället dras mot sista flämtet
När orden inte längre räcker till

Då skrämmer vårdslösheten med klimatet
Då räds jag arrogans och övermod
Då fruktar jag det underblåsta hatet
Då blir det tufft med ännu en period

3 nov

Hur kan det va så jämnt, jag tror jag drömmer?
Hur kan han ens ha möjlighet att stanna?
Kan inte dessa väljare som dömer
förstå att snubben är en galenpanna?

Hans trogna anhang köper handeldvapen
och hotet om en sammandrabbning växer
Han hetsar mobben genom okunskapen,
helt utan demokratiska reflexer

Nej, låt mig vakna upp ur denna mara
och lova att det faktiskt inte händer
De skador det kan få är omätbara;
radera denna dag ur min kalender!

GOOD MORNING AMERICA?

4 nov

"- Vacker och genomklok,
i mina bästa år",
hälsade han,
så jagcentrerat och naket
Påhittad i en bok,
självisk så det förslår,
lystrade han till namnet
"Karlsson på taket"

Dryg och förmäten knös,
som redan nått sitt tak,
avbryter plumpt
i nästan alla dueller
Självgod och hänsynslös,
talar i egen sak,
som våran rollfigur,
fast utan propeller

Trump attackerar valet när Biden har medvind

5 nov

Är detta svanesången,
när folkstyret försvunnit
i världens äldsta grundlagsstyrda stat?

Att följa valutgången,
fast motståndaren vunnit,
är grunden för en hugad demokrat

Jag undrar från schäslongen
hur långt vi faktiskt hunnit
mot realisation av vackert prat?

6 okt

När ledarvalet blir en strid på kniven,
går förra vinnaren på offensiven
och har som ambition att kapa staten

Med målet att förrycka perspektiven
så sparas inte in på invektiven
och påbuden till dem som bär plakaten

Det allra viktigaste av motiven
är avsikten att inte bli fördriven
vid räkningens fördelning av mandaten

Min egen etta bland alternativen
är att han blivit kvar på intensiven,
den covidpositiva psykopaten

Därför vägrar Trump erkänna sig besegrad

7 nov

Nej, än är denna freakshow inte över,
jag medger att jag känner mig nervös;
vad ska han dra igång för ny manöver
i väntan på att han blir arbetslös?

Det är ju trots allt han som för befälet
i världen alltför många veckor till
Är galningen för het på eftermälet,
finns risken att han inte sitter still

Om någon kunde låsa Vita huset
och säkra att han inte tar sig ut;
slå av hans telefon och släcka ljuset,
så kanske det kan bli ett lyckligt slut?

8 nov

Idioten har fått foten
och vi vågar kanske hoppas
på förnyat samarbete om klimatet

Forskning visar smälta isar,
deras lopp kan inte stoppas,
men konsensus kan befrämja resultatet

Folkflertalet har i valet
sagt att landet måste ledas
av en ansvarsfull person som tror på fakta

Slutsignalen i finalen,
bättre tider ska beredas
även om det skulle visa sig gå sakta

USA/VÄRMLAND/MORA "Han var otroligt sympatisk och ödmjuk"

Johan hade Biden i bilen

9 nov

Med nye presidenten bakom ratten
så följer nog en trevligare ton;
ett hövligare tilltal i debatten,
en bättre chans att ena sin nation

Med nye presidenten bakom ratten
så hedras tecknade klimatavtal;
där finns förvisso både vin och vatten,
men infallsvinkeln är trots allt global

Med nye presidenten bakom ratten
kan svarta liv få chans att spela roll;
om alla tillåts blomma i rabatten,
syns prakten både nära och på håll

Med nye presidenten bakom ratten
kan sjuka oftare beredas vård
En stjärna glimmar i coronanatten,
som hittills varit både lång och hård

121

Med nye presidenten bakom ratten
så tror vi på en vänligare ton;
ett hövligare tilltal i debatten,
en stolt och samarbetande nation

Vetenskapen ska leda Bidens kamp mot smittan

10 nov

Han formar sin doktrin
mot viruspandemin
och vässar sina vapen
med hjälp av vetenskapen

Det finns ingen magi,
men vanlig empati
och goda föresatser
ger färre snedseglatser

Den som med ödmjukhet
kan fråga de som vet,
får sundare premisser
än varje besserwisser

Butiksdöden slår hårt mot Sveriges stadskärnor

11 nov

Går vi mot en tid av öde städer,
där skuggor smyger fram som dissidenter?
Utan plats att köpa skor och kläder,
annat än i stora shoppingcenter

Blir det ett moras av tomma gator,
med några få neonljus som reliker?
Handeln koncentrerad till din dator,
ständigt fylld av nya webbutiker

Vågar man befinna sig i staden
när all kommers har flytt till andra trakter?
Kanske blir effekten av rockaden
isolering, helt utan kontakter?

Alkoholförsäljning förbjuds efter 22

12 nov

Covid har nu mött Moment 22;
rekommendationerna är kända,
alla vet, men ingen vill förstå:
- Det beror på oss om nåt ska hända!

Vi har svårt att umgås med distans,
även när man råkar vara nykter;
värre om man bjuder upp till dans
efter en supé med starka drycker

Är man utan sällskap på en bar
eller på nåt AW för att mingla,
har man inget bra immunförsvar
när man stöter på en riktig pingla

Utfall av för mycket alkohol
blir rätt ofta tanklösa repliker
Brukaren blir lössläppt och frivol,
tappar sitt förstånd och minnet sviker

Ska vi då få stopp på vår bacill
får vi vackert vila med kalasen
Tvinga dem som ändå inte vill;
stänga haken när vi blir i gasen

Det är inte mycket man begär
för att vi ska få ett slut på soten
Frihet är en dygd vi håller kär,
men kan också bli en black om foten

Så, se upp tills klockan blir 22,
sen finns ingen alkohol på krogen
Den som ändå vägrar att förstå
inser att hans vilja finns i skogen

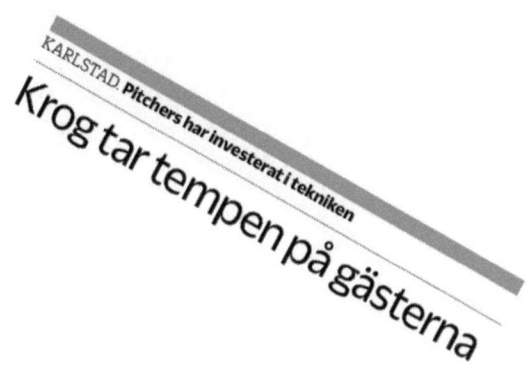

13 nov

Nog är den lite indiskret,
den nya proceduren
att pröva gästens lämplighet
med hjälp av temperaturen

Förr skulle man va hel och ren
och någorlunda nykter;
nu mönstras man som i armén,
på tvärs mot vad man tycker

Jag tror de flesta går förbi
en krog med den agendan;
man nobbar nog ett brasserie
med krav att visa ändan

Oro inför sista helgen innan alkoholförbudet drar i gång

14 nov

Styggare är ingen fara
än en tankad partyskara
i Coronafyllda tider -
större risk vad kvällen lider

Trots beslut om strikta ramar
blir det många hälsningskramar;
ingen tänker på distansen,
man har fullt sjå med balansen

Ett beslut om restriktioner
hjälper inte mot hormoner,
den som stöter på sin kära
vill nog gärna komma nära

När man inför nya lagar,
som en större grupp beklagar,
ska man inte ut och varna
innan bilden börjat klarna

Oavsett om man nu tycker
att man ska förbjuda drycker,
bör man hugga på direkten
för att uppnå maxeffekten

Falukorvens framtid kan vara hotad

15 nov

'Lagoma korvar är bäst',
har klubbats av kommissionen
Gjorda på gris eller häst
och lagom till matportionen

Korven ska va lagom tjock
och lagom porös för att skivas
Väsentligen måste den dock
få middagsgäster att trivas

Hur korven ska bli lagom böjd,
får charkuteristen bestämma
Men kunden ska alltid bli nöjd
vid spisen och bordet därhemma

"Norsk mobbning av svenskar hot mot samarbetet"

16 nov

Petter Northug var en riktig rese,
sen kom Marit Björgen och Therese
Norge dominerar alla spår;
nya påläggskalvar varje år

De går från vaggorna till sina gravar
på skidor och tar fart med långa stavar
Gamla hjältar finns i varje vrå:
Dählie, Ulvang och så Oddvar Brå

Vi trodde nog att de som alltid vinner
var utan chans den dag då snön försvinner,
men sedan har de spelat flera kort:
Kastar långt, hoppar högt och springer fort

De vinner och kvitterar stora checkar;
blir bäst i världen på att klippa häckar
En hel familj med samma löptalang
har tagit plats i större sammanhang

Vi står på läktaren i stum beundran,
när svenska äss har hamnat i skymundan
Vi spekulerar när vi ser det ske,
men kommer inte undan spott och spe

Varför ska det va så kul att retas
när man står på pallen och är hetast?
Även hjältar möter övermän
och alla vet att svinhugg går igen...

Löfven: Ta ditt ansvar för att stoppa smittan

17 nov

Löfvéns mimik betonar gravallvaret,
han bjuder oss att satsa på det rätta
- Bestäm dig för att bli en del av svaret,
istället för att jämt ifrågasätta

Nu är det slut på tonårsattityder,
som innebär att alla tror sig veta
Det viktigaste är nu att vi lyder,
så facit inte blir en minnesbeta

Förkasta alla råd ifrån novisen;
lägg undan alla hemvävda metoder
Och lyssna uppmärksamt till expertisen
- Det gäller att ta vara på sin broder

Trump sparkar chef som avvisat påstående om valfusk

18 nov

Han sprattlar envist ända in i kaklet,
det övergivna, nyss förlista vraket
Han fortsätter befalla
i fallets villervalla;
det finns visst ingen ände på spektaklet

Stormköket utsett till Årets julklapp

19 nov

Vi måste bygga fler destillerier
Corona slukar alltför mycket sprit
Vem kunde ana det om pandemier,
när smittan ännu inte kommit hit?

Nu går vi mot en tid med mycket helger,
som många måste fira utomhus
Då köps det både burkar och buteljer;
då pyntas det med lyktor och med ljus

Det kräver sprit att tvätta sina händer;
en redig snaps till varje liten sill
När spritköket blir en av årets trender
så räcker produktionen inte till

Då måste spritfabriker bränna mera,
så varje klapp förlänas sin ranson
Tegnell behöver givetvis agera
och säkerställa denna expansion

Trumps advokat: "Nationell konspiration"

20 nov

Från 1700-talet fram till nu
har ljuset spritts med ökad magnitud
Magi och underkurer blev tabu
då tanken och förnuftet blev vår gud

När större kunskap fyllde oss med hopp
fick fler en chans att skruva upp sin röst
Nu anar vi att det har gått en propp;
när mörkret faller har det blivit höst

Simhallar och gym hölls öppna - trots råd om motsatsen

21 nov

Det är nog inte för att vara grym,
som han Tegnell serverar sina råd
Och ber han oss att inte gå på gym,
finns knappast några skäl att be om nåd

Nu tycks det som att tiden är ur led,
när gym alltjämt har sportsmän på visit,
fast alla redan borde ha stängt ned
och säkrat så att ingen kommer dit

Om gymmen ändå hamnar i beråd
och skyller på för stor motionsaptit,
finns goda skäl att tolka dessa dåd
som outtröttlig jakt på mer profit

SVT/Novus: Var fjärde svensk säger nej till coronavaccin

22 nov

Vartenda barn får chansen att studera;
rätt många kliver fram och kan briljera
Men allt är ändå inte guld som blänker:
Var fjärde svensk har otur när han tänker

Vi erbjuds skydd mot viruspandemier,
men fastnar alltför lätt i bryderier
Visst är 25% en hisklig summa -
så många kan väl inte vara dumma?

Lissabonbor tillbaka i stan under pandemin

23 nov

I bistra tider vänder man på slanten
och hoppas väl att löningen ska räcka
För ingen vill ju trilla över kanten
på grund av alla utlägg den ska täcka

Då ser man att på andra sidan slanten
kan siktas en tendens till bättre tider
Att höja blicken över tallrikskanten,
ger bilden att det ljusnar vad det lider

På ena sidan finns det helgturister,
som handlat friskt i Lissabons butiker,
men där finns också sociala brister,
som träder fram när byggnationen viker

På andra sidan: Tomma lägenheter,
när covid-19 stoppat charterflyget;
det ger en hemlös nya möjligheter
och höjer därmed pandemibetyget

Ett mynt är dubbelt präglat såtillvida
att innebörden styrs av den som tyder
En fördel kanske finns på varje sida,
i samklang med hur talesättet lyder?

24 nov

Är det slut på lögnerna och skräcken?
Kan vi hoppas på en riktig punkt?
Om det bara är ett kommatecken,
blir det svårt att sova riktigt lugnt

Tror vi att systemet klarat biffen?
Ska vi faktiskt våga andas ut?
Kommer den förhärdade sheriffen
självmant sadla av när det är slut?

Klarar han sig utan sina solon?
Utan sin tribun för väljarfångst?
Tänk om punkten blir ett semikolon,
i väntan på en fruktad återkomst

700 000 sålda munskydd på en vecka

25 nov

Omsider är moralen återfunnen,
efterspanad sedan många år
Människor som går med skydd för munnen
tänker bara på hur andra mår

De värnar omsorgsfullt om hygienen
och byter skydd frekvent varenda dag;
bangar inte värsta stötestenen,
offrar sig så andra har det bra

Du anar kanske att jag är sarkastisk
och inte riktigt tror på deras skäl
Jag kan ju stundom bli en smula drastisk,
vid vittring på en öm akilleshäl

Skydd för mun och näsa hjälper föga,
för dem som valt att bära dessa skydd;
förstår de inte det, så är de tröga
och denna missuppfattning gör mig brydd

För fortsatt hälsa bör de stanna inne
och inte ränna runt med mask på stan;
det tycks va svårt att hålla i sitt minne,
men är den hållning som är mest human

26 nov

Att vi går omkring och trängs
gör att pandemin förlängs
Oavsett om någon ser oss,
står det klart hur vi beter oss

Samma maning gång på gång,
som refrängen i en sång
Ändå tycks vi inte fatta
- lydnaden är rena natta!

Kan du inse vad som krävs,
när respekten undergrävs
för den vassa vetenskapen,
som ska va vårt bästa vapen?

Alla går omkring och vet
nåt som saknar bärighet;
repeterar bagateller,
rabblar torftiga tabeller

Självförtroendet är stort
och det expanderar fort,
men att fylla den kostymen
kräver mer än längsta plymen

Friskolor strider för skolpengen – gör samtidigt miljonvinster

27 nov

Tänk att det ska va så svårt att fatta
att skolan måste bygga på behov;
mer resurser till de eftersatta
och inget till privata stôlleprov

Skolorna ska inte va på börsen
och inte ha principen 'först till kvarn'
Inte ska vi släcka penningtörsten
hos ägarna, med hjälp av våra barn

Offra kollektiva skattemedel
på en redan välbemedlad grupp???
Skicka pengar mot en ordersedel
- detta borde granskas under lupp!!!

Skolans uppgift är kompensatorisk;
man hjälper var och en efter behov
Min enkla utopi är provisorisk:
- Vi snuvar krämarna på deras rov!

Fler paket och risk för trängsel
ställer till det för postombud

28 nov

Trånga rum med långa köer
skapar gynnsamma miljöer
för en påpasslig bacill,
alltid viss om vad hon vill

Hon är alltid grymt flexibel,
har en följd som är horribel
Hon har kraft som är brutal,
skiftar snabbt till ny kanal

När vi byter öppenheten
mot de inslagna paketen,
står hon snart i smittsam skrud
hos vårt närmsta postombud

Man har svårt att gå ur vägen
- om än aldrig så benägen
Hon är med oss överallt,
attackerar tusenfalt

Vi går på i ovissheten
över flockimmuniteten,
den klenod vi åtrår hett,
men som ingen ännu sett

146

Så löser företagen gåvorna när julborden är inställda

29 nov

Julborden står tomma
till hälsotalens fromma,
med hopp om att begränsa
Corona och influensa

Vi ser det som ett omen
som minskar kräksymtomen
och kanske är finessen
att reducera stressen

Då blir det fler presenter
och färre patienter;
en fördel för oss alla,
när ödets lotter falla

"Vi hoppas alla vuxna vaccinerar sig"

30 nov

En vuxen mänska kännetecknas av
att tänka längre fram än näsan räcker
Med sunt förnuft och relevanta krav
parerar hon de faror som förskräcker

En vuxen mänska fattar själv beslut
och blir med årens lopp alltmera mogen
Hon lär sig av de fel hon gjort förut,
gör oftast kloka val, sin vana trogen

En vuxen mänska läser av en risk
och väger sedan den mot möjligheter
Med rätt bedömning håller hon sig frisk,
helt oberörd av domedagsprofeter

december 1-31

De måste gå till jobbet – även under pandemin

1 dec

Svårt att vårda sjuka på distans
Mäta temperaturen
Ronden genom luren
Någon förs iväg i ambulans

Svårt att klippa håret på distans
Önskas schamponering?
Svart eller blondering?
Frambringa volym och elegans

Svårt att bygga kåkar på distans
Hitta sågtekniken
Träffa rätt på spiken
Snabbt ha alla verktygen till hands

Svårt att blanda drinkar på distans
En vill jämt ha bubbel
Andra tar en dubbel
Nån glor in i väggen som i trance

Svårt för folk att jobba på distans
Någon ruineras
Många permitteras
En och annan lägger patiens

Bottenresultat för Liberalerna: "Lägsta siffran sedan 1972"

2 dec

Det kluvna folket har fått nog
av påstått liberala
Måhända att de föredrog
de mera sociala,

med inriktning på jämlikhet
och tonvikt på reformer,
när ännu inte fåvitskhet
gett smak för hårda normer

Nu stöder man en ministär,
men flaggar för nåt annat
En spretig mix som inte bär
när motorn tycks ha stannat

Med få matroser kvar på däck
och med en bräcklig skuta,
som även tycks ha sprungit läck,
hur ska väl detta sluta?

"Ett virus som lurat oss många gånger"

3 dec

Lita aldrig på baciller,
misstro dessa lömska kryp
Även om du får ett piller
kommer raskt en annan typ

Virus' chans att överleva
är att hitta ny logi
Adam först och sedan Eva
i ett ändlöst koppleri

Tvärtemot vad man kan önska
existerar detta hot
Faller aldrig ned i glömska,
fyller upp vår sjukdomskvot

Krögarna kräver kraftigare åtgärder för överlevnad

4 dec

Nu ligger krögarna på intensiven
och tvingas byta drinkarna mot dropp
De lever än, men saknar nog oliven,
när krogens hetta byts mot febertopp

I nödfall kan de hamna under kniven;
vid stängningsdags kan läget bli akut
Allt hänger på de nya direktiven,
om källarmästarna ska härda ut

En krögare som känt sig övergiven,
men ändå genomlider denna kris,
kan fira att hon inte blev fördriven
och ta en partydrink med mycket is

Skilda regler kring skidåkning skapar osämja i Europa

Coronapandemin

5 dec

Några önskar bättre glid,
andra vill ha fäste
Allas mål, emellertid,
är att bli den bäste

Gå i täten som ett lok,
lura sist i klungan
Löpa fullständigt amok,
vädra hela tungan

Storma fram i samma spår,
våga välja valla
Den med piggast pump och lår
vinner över alla

6 dec

Utsatt by vid världens ände
blir symbol för vårt elände
Alla undrar vad som hände
- Dags att sätta stopp!

Störningen är ödesdiger
Risken, liksom haven stiger
Krisen skärps om alla tiger;
barnen är vårt hopp!

Gaserna i atmosfären
har gett upphov till misären
Stadigt smälter glaciären
ned vid varje pol

Vårt förflutnas fel och brister
för oss in i nya tvister
Ge all världens aktivister
bättre talarstol!

Reseföretagen sämst på klimatinformation

7 dec

Naturligtvis är värsta utsläppsgrisen
som sämst i denna kundupplysningsgren
och tonar ned de tydliga bevisen
mot det som höll ihop affärsidén

Man sågar inte av den egna grenen
- då smutsar man istället ned i smyg
och sätter inte gärna på sirenen,
som varnar för effekterna med flyg

Nej, luta dig mot objektiva källor
för klanderfri klimatinformation
Då rundar du de osakliga fällor,
som gillras av intressekollision

8 dec

På fälten vajar rågen
Här stannar aldrig tågen
Hit drog den gröna vågen
glad i hågen,
men förfelad

Här fastnar unga grabbar,
den typ som krisen drabbar;
ursäktar när han rabblar
sina tabbar
förfördelad

Här samlas epa-vraken
på avstånd från gemaken,
men alla vet att smaken
är som baken,
alltså delad

Ulrika om hemarbete: "Står i garderoben och jobbar"

9 dec

Ring, klocka, ring för dem som jobbat hemma,
ring ut en sorgsen tid i karantän
Med tacksamhet, på dina bara knän,
sjung ut behaget med din klara stämma

Ring ut ett plågat år som helst ska glömmas,
med hopp om många möten nästa år
Bryt upp från mödorna i trånga vrår,
ring in att garderoberna ska tömmas

10 dec

Polarnatt är ett nordligt attribut
som tycks ha expanderat söderut
Ett mörker ingen sett i mannaminne
belägrar oss och tynger nu mitt sinne

Vad gör man när det skymmer mitt på dan
och hissen sitter fast på bottenplan?
Kommunens annonsering kan man spola
när ingen ändå ser en skymt av sola

Med denna höga dos melatonin
dräneras vi till slut på energin
Om mörkret ångar på och slår rekorden
får många av oss söka sig till vården

11 dec

Vi står vid slutet av en lång process,
en världsnyhet på tv och i press
Dess orsak är en stolt imperiestat
som kryddats med en nypa främlingshat

De ville inte vara en av oss,
Europa var en alltför stor koloss
Man fick en liten övervikt för ja,
på villkor att behålla allting bra

Nu blir det kanske uppenbart till sist
att inget återstår av det man mist
Besvikna britter får ett enkelt svar:
- Den kaka man åt upp finns inte kvar

Kameler lastade med knark åkte fast

12 dec

Tullen tog på nytt en knarkkurir
på flykt i närheten av Agadir
Den gripne tycks ha blivit missförstådd;
i smuggelsammanhang var puckeln nådd

Förövaren, som kom i karavan,
var ingen vanlig Svensson-marockan
Han var en pionjär i sitt gebit,
den förste i sitt slag som åkte dit

Han säger att han lever som kamel
och hävdar att han inte gjort nåt fel
Den lömska typ som surrade hans last
försvann från scenen innan han blev fast

13 dec

Experter står som spön i backen,
tävlar om att veta bäst
Alla drar sitt strå till stacken,
ingen stannar vid sin läst

Pastorer eller professorer,
sugna på en stor publik
Kuratorer och doktorer
levererar frän kritik

De får en stund i sökarljuset
när de vågar ta sig ton
Blinkar till i mediebruset
oavsett sin profession

De män som inte blev profeter
i sin egen disciplin
tror de äger färdigheter
som kan stoppa pandemin

"Sannolikt med avtalslös brexit"

14 dec

Boris strider tappert i finalen
Hastar över engelska kanalen
Pratar fort och håller hårt i hatten,
kämpar ända fram till nyårsnatten

Håller krystat liv i fredssamtalen
Brottas i den fallande spiralen
Ler och håller låda oavbrutet
Sockrar kuren ända in till slutet

Spelar upp förhandlingsritualen
som kuliss för samarbetsavtalen
Låtsas vara med till sista rundan
för att ändå hjälpligt komma undan

Statens sms väcker kritik – därför saknades länken

15 dec

Coronatidens karakteristik
är fylld av illa underbyggd kritik,
i form av långa hätska monologer
från alla sorters hemmavirologer

Så många ger sig in i polemik
om smittskyddsstrategi och -politik
Vad gör att alla dessa är så heta
på att förmedla allt de tror sig veta?

De frossar i oändlig retorik,
garnerad med en massa statistik
Kanhända denna svada sammanhänger
med undertryckta önskningar som tränger?

16 dec

Midnatt råder över Vita huset, Vita huset
Presidenten tänkte släcka ljuset, släcka ljuset
Snicksnack, snicksnack,
snicke-snicke-snicksnack,
snick-snick-snack

Lockade rasister upp ur vrårna, upp ur vrårna
Lät dem slippa tassa fram på tårna, fram på tårna
Snicksnack, snicksnack,
snicke-snicke-snicksnack,
snick-snick-snack

Extremister putsar sina vapen, putsar vapen
Högsta hönset hyllar galenskapen, galenskapen
Snicksnack, snicksnack,
snicke-snicke-snicksnack,
snick-snick-snack

Enfaldsvälde, rena diktaturen, diktaturen
Landet skulle byggas bakom muren, bakom muren
Snicksnack, snicksnack,
snicke-snicke-snicksnack,
snick-snick-snack

Lyckligtvis fick stollen stryk i valet, stryk i valet
Annars skulle allting gått så galet, gått så galet
Snicksnack, snicksnack,
snicke-snicke-snicksnack,
snick-snick-snack

17 dec

Den bästa dagen i min karriär
var då jag gick från jobb till pensionär
Jag slapp bekymren om vad man ska bli
och kände mig helt plötsligt bara - fri!

Jag hade gjort min plikt i fyrtio år,
såväl i motvind som i innerspår;
beredd att alltid föra mig korrekt
till kvällningen från stunden jag blev väckt

Man tränades att hålla låg profil
och möta tarvligheter med ett smil
Det kändes bäst att vara till behag,
när samma folk stod kvar där nästa dag

En pensionär gör livet fritt och glatt,
man är sin egen förman dag som natt
Jag företräder bara mig och mitt
och då blir allting mer bekymmersfritt

Nu gör jag bara saker som är kul
från nyårsafton fram till nästa jul
Jag byter tidsfördriv allt eftersom
och träffar bara folk jag tycker om

Regeringen vill möjliggöra nya dykningar vid Estonia

18 dec

Det räcker med ett litet frö,
så börjar misstron gro
Förljuget prat tycks aldrig dö,
det ger oss ingen ro

På tok för många tror att rök
har eld som utgångspunkt,
men ryktet är ett envist ök
som obett vandrar runt

Det söker sig till trånga hus
och pressar in en fot
Grasserar där det saknas ljus,
om oron slagit rot

Av främlingskap och oförstånd
får ryktet energi
En populist är dess sekond,
komplott dess teori

170

I varje ny konspiration
ses skumma sammanhang
och avancerad aggression
från etablissemang

Begynnelsen till alla fel
är jämt nån rik semit
som skördar vinst för egen del
men aldrig åker dit

För varje tillbud finns en bov
som gjorde det med flit
Polisen mörkar alla prov
- politisk dynamit!

Den syndabock som går emot
en mäktig ryktesvåg
har checkat ut som patriot
och fått sin epilog

Restriktionerna skärps för att bromsa smittan

19 dec

Ska man gråta eller skratta
när folk har så svårt att fatta?
Krävs det morot eller piska,
ska man ryta eller viska?

Kan vi stoppa dödlig smitta,
är det oklokt att försitta
denna chans att hejda skutan,
innan alla tagit sprutan

Så fundera över detta,
hur du ger och gör det rätta
Det finns ingen tid att öda
på att bara räkna döda

Dags att slå en kullerbytta,
sätt igång och gör nån nytta
- Inse vad det kan betyda
om du faktiskt börjar lyda!

172

SVARTA PENGAR.

250 miljoner kronor miss-
tänks ha tvättats på väx-
lingskontor

20 dec

Svarta pengar blir som vita
med beprövad rekvisita
Byken går i en triangel,
vittvätt, tork och sedan mangel

Undre världens toppjurister
letar fram systemets brister
Deras enda rättesnöre
är att ligga steget före

Ordningsmakt och byråkrater
jagar fåfängt fotsoldater
i det bleka sökarljuset,
missar lätt det grövsta buset

Dessa hukar långt från skylten,
aldrig fingrarna i sylten
De hanterar många strängar
i sitt spel med svarta pengar

173

21 dec

Jag ska be att få ställa upp
med en visa om en kupp,
som tog plats på 80-talet
till förfång för folkflertalet
Men covid kan desarmera
den nyliberala eran
Undanröja en relik
- det behövs mer politik!

Vår minister, sköna Magda
ligger bakom ovan sagda
Hon fick ärva högerns skador,
fylla på i våra lador
Hon vill bygga nånting för alla
ingen välfärd ska förfalla;
hon som framstått som en gnet
visar solidaritet!

Det blir politik med sting,
imponerande beting
Snabba spår för alla tågen,
gott humör för ekologen
Det förväntade resultatet
med en satsning på klimatet
och en värdig äldrevård,
klingar fint som slutackord!

Coronapandemin:

"Lägg om strategin för att stoppa smittspridningen"

22 dec

Så skönt att vara i opposition
och alltid sitta med de rätta svaren;
expert på varje virusmutation,
på samma sätt som killarna i baren

Perfekt att ha en säker läktarplats
och hävda sånt som aldrig ska bevisas
Att lyfta fram sin ädla bragdinsats,
som enligt egen uppgift borde prisas

Det bästa är att slippa stå till svars
för brister i den förda politiken
Bekvämt att axla rollen som staffage
och aldrig falla offer för kritiken

Butiker planerar rea – trots uppmaningar om att ställa in

23 dec

Ett hot mot alla kunder
och även expediten
är denna reablunder
som urskuldas med spriten

Regeringen har bönat
och bett att ingen sviker,
men köpmännen har stönat
om halvtomma butiker

Tänk, inget kan förvåna
när handeln slätar över
Dess skäl är monotona
och stavas alltid: Klöver

Annorlunda år avslutas med en annorlunda jul

24 dec

Covideländets köld är hård,
virus med smitta och plågor
frestar på sjuk- och hälsovård,
oroar många med frågor
Doktorn vandrar en dödlig rond,
syster lossar en uttjänt sond
Folkhälsomyndigheten
ansvarar för dekreten

Statsepidemiologens röst
börjar förlora sitt skimmer
Hjärtat som bultar i hans bröst
kanske har drabbats av flimmer?
Alla fattar om han är trött
efter all den kritik han mött;
köar för covidspruta,
undrar när han får sluta

(Fritt efter Tomten *av Viktor Rydberg)*

Johnson: Vi har tagit tillbaka kontrollen över vårt öde

25 dec

Stora ord ur liten mun
tar plats i nyhetsflödet
Vem påstår att han denna stund
kan kontrollera ödet?

Jo, kufen i en ensam stat
som stritt mot exkolleger,
vill få det till ett resultat
som låter som en seger

Så kan framtidens distansarbete påverka ekonomin

26 dec

Kostnaden stor för kontor
Avgasodör utanför
Argsint mimik i trafik
Lång karavan in till stan

Lantlig adress, mindre stress
Leva inpå sina små
Närmare djur och natur
Jobb hemmavid sparar tid

Året då ett dödligt virus tog grepp om hela världen

27 dec

Så fick då det globala
sitt stora genombrott
Ett hot i väldig skala
har fallit på vår lott

Det hemsöker planeten,
varhelst och varje stund,
och hela mänskligheten
har slutit ett förbund

Vi enas inför hotet
med samma skräcknivå
I pestens tid på klotet
är alla lika små

28 dec

En olycksdrabbad tid kan skymma solen,
förmörka livet som ett överkast
Man sitter utan hopp på skrivbordsstolen,
helt stum av en förbryllande kontrast

Igår var himlen blå med vita tussar
Idag sveps världen in i svarta sjok
Man transporteras ned i djupa slussar,
förundrad av hur allting går på tok

Vi sätter vårat hopp till morgondagen
och tror att solen åter ger oss ljus
I skenet blir det slut på obehagen;
förmörkelsen var blott en sinkadus

Pandemin har gjort tydligt avtryck bland årets nyord

29 dec

Språket sätter ord på allt vi ser
och det vi har behov av att beskriva
En del kreeras redan när det sker,
men annat tar sin tid att införliva

Vi vidgar våra vyer med begreppen
för sånt som varit dolt till denna dag
Och om de inte faller oss på läppen,
så har de kanske nyhetens behag

Det duggar alltså tätt av ordförslag
En del av dem fantastiskt kreativa
Dock saknas uppslag från konservativa,
som tycker nyord doftar domedag

Därför är 2021 uppdukat för ekonomins revansch

30 dec

Covid vann första matchen på poäng
och gav ekonomin rejält med däng
Nu måste kontrahenten ge igen
med ursvensk mandom, mod och morske män

Vår åtgärdsplan ska vara ambitiös,
så ingen frisk person går arbetslös
och ingen tvingas ut på permission
till följd av smärre fel på framtidstron

Nu måste alla kurvor peka upp,
till gagn för varje tänkbar väljargrupp
Det gäller att få fart på våra hjul,
för rättvist överflöd i slott och skjul

Ett svårt år ringer ut – med önskan om ett bättre 2021

31 dec

Hon såg nog inte mycket ut för världen
de allra första veckorna på färden
Sen blottades vårt års potential,
decenniets portal

Hon bar på alla möjliga talanger
i mångahanda fack och skilda genrer
De ledde ofta fram till dramatik
och fick en fet rubrik

Där satt jag isolerad vid min dator
med pressrubriker som katalysator
Och utan alla resor kors och tvärs
fanns tid att skriva vers

Jag fattade ett stadigt grepp om kragen
och hoppades få till en vers om dagen
En svit jag aldrig lyckats med förut
- men nu är året slut

Det blev rätt många verser om Corona,
om råden, som ibland var polyfona
Amerika behandlades frekvent,
och landets president

När 2020 nån gång ska summeras
är skitår en benämning som traderas
Trots jämna tal är minnet som består
ett ganska udda år